AF494621

constitue un véritable état d'oppression, exercée par une fraction de notre patrie envers l'autre. Sans doute, on aura été disposé dans le public à faire une large part à l'hyperbole, dont est empreint le langage de ces écrits. Cependant il pourrait rester quelque chose dans l'esprit de beaucoup de personnes, d'assertions présentées avec une assurance qui impose, lorsqu'on n'en approfondit pas l'exactitude. C'est par ce motif qu'il m'a paru utile de rechercher si le Midi du royaume a réellement des intérêts différens de ceux du Nord, et dans quelles limites peut s'étendre cette différence. Si je réponds ici d'une manière plus directe aux écrits dont je viens de faire mention, c'est qu'ils sont les plus récents, et qu'ils résument en quelque sorte des griefs trop fréquemment répétés. Bordeaux, d'un autre côté, n'est pas seulement une ville du midi de la France, il est aussi une place maritime. Il faudra donc apprécier les motifs qui peuvent diriger ici les défenseurs officieux du Midi; il faudra que j'examine si le commerce n'a pas, dans les questions de cette nature, des intérêts spéciaux opposés à ceux de l'industrie intérieure; et cette recherche me forcera d'examiner, sous divers points de vue, ce qu'on appelle communément le système de protection pour l'industrie intérieure, sur lequel se fondent principalement les griefs allégués par le commerce. Je chercherai enfin à faire ressortir de l'examen de ces questions, quelques prévisions sur les chances d'avenir industriel qui sont réservées à notre pays.

Il est des vérités qui nous importunent et nous blessent; il en est qui heurtent certaines susceptibilités nationales, ou qui contrarient certaines opinions consacrées par la vogue, et en quelque sorte, par un assentiment général. Dans les questions d'intérêt, il est aussi des vérités dures, on dirait presque des vérités brutales. Pour toutes, il faut savoir les aborder en face, car la vérité, de quelque nature qu'elle soit, sait toujours bien arriver, et c'est puérilité de croire qu'on arrête sa marche en lui tournant le dos. Je pense donc que si les écrits dont je viens de parler méritent quelque blâme, ce n'est pas parce que leurs auteurs ont exprimé des opinions qu'ils croyaient vraies; la question est ici de savoir s'ils ne se sont pas trompés. Pour moi, sur toutes les questions qui se présenteront dans cette discussion, fidèle à l'austère franchise que j'aime dans les autres, j'exprimerai sans réserve et sans réticence, ce qui, dans mes convictions, est la vérité.

CHAPITRE Ier.

DES
INTÉRÊTS RESPECTIFS
DU MIDI ET DU NORD DE LA FRANCE.

Les négocians de Bordeaux n'ont vu dans le midi de la France que des intérêts vinicoles; et dans les produits des vignobles, ils n'ont considéré que la portion qui s'exporte. C'est sur cette donnée qu'est fondée toute leur argumentation; ils disent : Voyez; le Midi n'a pour richesse que ses vins; pour en tirer parti, il n'a que ses débouchés à l'étranger; et ce sont ces débouchés que vous lui fermez par un système de protection exercé dans les intérêts exclusifs du Nord. N'y a-t-il pas là lésion manifeste pour le midi du royaume ?..... De la part des négocians de Bordeaux, il est assez naturel de voir apprécier ainsi les intérêts du Midi; et du point où ils sont placés, on comprend qu'ils aient pu n'apercevoir qu'un petit coin du tableau; mais y a-t-il là exactitude et vérité ? Un court examen va répondre à cette question. Recherchons d'abord les rapports des intérêts vinicoles avec ceux des autres branches de l'industrie intérieure.

On a souvent répété que toutes les industries sont sœurs, et que l'une ne peut prospérer ou souffrir sans que les autres en éprouvent de l'amélioration ou du malaise. Il y a certainement beaucoup de vrai dans cette assertion; cependant il importe d'y apporter quelques distinctions : elle est complètement vraie si on l'applique à des branches diverses d'industrie dont les produits se consomment dans l'intérieur du pays, et qui s'exercent sur des matières produites par l'industrie intérieure. Il est certain, par exemple, que l'industrie manufacturière ne peut prendre d'extension que dans le rapport même des progrès que fait l'art agricole, puisque ce dernier fournit les alimens nécessaires à la classe ouvrière, et une grande quantité des matières premières qui sont employées dans les fabriques; et c'est de l'accroissement de la population agricole et du développement de son aisance, que les manufactures peuvent attendre l'augmentation des débouchés de leurs produits, puisque les classes attachées à la culture du sol forment près des quatre cinquièmes de la population totale du pays. D'un autre côté, l'accroissement du nombre et de l'aisance dans les classes attachées à l'exploitation des manufactures, favorise éminemment aussi les progrès de l'art agricole, en lui offrant des débouchés plus étendus. Dans tout ceci, l'identité des intérêts est évidente; et on ne pourrait même citer qu'un petit nombre de cas particuliers, où les intérêts personnels de quelques individus, pris dans l'une ou l'autre de ces deux grandes classes, peuvent avoir momentanément à souffrir des développemens pris dans telle localité par quelqu'établissement de l'autre classe industrielle. Les intérêts personnels des hommes qui se livrent à ces deux genres d'industrie sont donc presque toujours d'accord avec ceux des industries elles-mêmes.

L'industrie des vignobles se trouve placée, sous ce rapport, dans une position entièrement semblable à celle de toutes les branches d'industrie qui s'exercent sur la culture du sol; et c'est seulement dans le développement de toutes les branches des arts agricoles et manufacturiers, que l'industrie vinicole peut trouver l'accroissement du débouché de ses produits, pour toute la portion qui en est consommée dans l'intérieur du pays ; je pourrais même ajouter que cette branche d'industrie est peut-être celle qui profite le plus de la prospérité de toutes les autres, parce que la consommation de ses produits ne dépendant pas d'un besoin indispensable, peut varier dans des limites étendues, selon le degré d'aisance de toutes les parties de la population. La culture des vignes a éprouvé depuis quarante ans une immense extension, dont la source se rencontre évidemment dans le développement de tous les autres genres d'industrie, et dans l'accroissement de population et d'aisance qui en a été le résultat. M. Chaptal évalue à *sept cent dix-huit millions de francs* le produit moyen annuel de tous les vignobles du royaume, au commencement de ce siècle ; et il porte à *cinquante-un millions de francs* l'exportation moyenne en vins et eau-de-vie, dans les années qui ont précédé 1790. Comme il n'est pas vraisemblable que l'industrie vinicole ait fait de grands progrès entre ces deux époques, nous pouvons rapprocher ces chiffres, et les considérer comme présentant l'état des choses immédiatement avant la révolution française. Le pays consommait donc alors des vins pour une valeur d'environ six cent soixante-sept millions, et un quinzième environ de la production totale des vignobles, trouvait un débouché dans l'exportation. Il n'est pas permis de douter que la consommation intérieure ne se soit accrue, depuis cette époque, d'un quart au moins, et bien plus vraisemblablement d'un tiers, puisque la population s'est accrue de plus d'un quart, et qu'il y a beaucoup plus d'aisance dans toutes les classes. C'est donc à un chiffre qui n'est guère au-dessous de *deux cents millions*, que l'on doit évaluer l'accroissement de débouché que l'industrie vinicole a trouvé dans le pays, depuis une quarantaine d'années; et lorsque l'on considère l'énorme extension qu'a prise la culture de la vigne dans presque toutes les localités, on est certes bien disposé à juger que cette évaluation n'a rien d'exagéré.

L'exposition de ces faits peut faire apprécier les rapports qui lient l'industrie vinicole à toutes les autres industries du pays; et l'on voit combien, dans tout ceci, les intérêts sont identiques. Mais il est aussi une portion du produit des vignobles qui est destinée à l'exportation: nous avons vu que la valeur de cette portion était évaluée, avant la révolution française, à *cinquante-un millions*. D'après les documens publiés par l'administration des douanes, l'exportation des vins et eau-de-vie s'est élevée, en 1832, à près de *soixante-dix millions*. Il y a donc eu, dans ces exportations, un accroissement d'une *vingtaine de millions* depuis 1789; et cet accroissement a eu lieu malgré le développement qu'a reçu le système de protection, tant en France que chez presque toutes les nations du monde civilisé. Maintenant on peut se demander à quel chiffre eût pu se porter cet accroissement, dans le cas où la France, au lieu de protéger l'industrie intérieure par ses tarifs de douanes, l'eût sacrifiée au désir de faciliter l'exportation de ses vins? Pense-t-on que cet accroissement d'exportation eût été double, triple de ce qu'il a été réellement? Mais l'industrie vinicole serait encore bien loin, dans ce cas, de trouver dans cet accroissement, une compensation des *deux cents millions* dont ses débouchés se sont accrus à l'intérieur, comme nous venons de le voir, par l'effet du développement de toutes les autres branches de l'industrie du pays. Prenons pour exemple, celle de nos branches d'industrie que l'on a le plus fréquemment op-

breuses, et dont plusieurs sont fort importantes, existent dans les départemens de l'*Arriège*, de la *Corrèze*, des *Landes*, de l'*Aude*, du *Lot*, de *Lot-et-Garonne*, de *Tarn-et-Garonne*, du *Tarn*, de l'*Aveyron*, de la *Dordogne*, des *Basses-Pyrénées*, de la *Charente*, des *Pyrénées-Orientales*, de la *Haute-Garonne* et du *Puy-de-Dôme*. Dans plusieurs de ces départemens, on fabrique aussi des aciers, et ces matières y donnent lieu à une fabrication étendue et très-renommée de coutellerie, de faux, de limes et de quincaillerie dans plusieurs genres : tels sont les départemens du *Puy-de-Dôme*, du *Tarn*, de l'*Arriège*, de la *Haute-Garonne*, de *Tarn-et-Garonne*, de l'*Aude*, etc. Quant aux mines, il est fort douteux que le Nord puisse offrir des masses égales en importance aux exploitations que l'on rencontre dans les départemens de l'*Aveyron*, de la *Dordogne*, du *Var*, de la *Corrèze*, des *Basses-Pyrénées*, du *Puy-de-Dôme*, de la *Lozère*, etc. On sait aussi combien d'exploitations de granit et de marbre sont répandues dans les provinces du Midi. Qui ne connaît les nombreuses manufactures de draperies et de lainages de l'*Aude*, du *Tarn*, de *Tarn-et-Garonne*, de l'*Arriège*, du *Lot*, du *Puy-de-Dôme*, de l'*Aveyron*?..... Sans doute les draps qui se fabriquent à *Castres*, à *Carcassonne*, à *Limoux*, à *Mazamet*, à *Lodève*, etc., etc., n'égalent pas en finesse ceux qui sortent des fabriques de *Louviers* ou de *Sedan*; mais il faut bien se garder de mesurer à cette échelle l'importance d'une fabrication : pendant qu'un petit nombre d'hommes opulens consomment des draps fins dans le Midi comme dans le Nord, une multitude d'hommes des classes inférieures, dans toutes les parties du royaume, se vêtissent des draps du Midi ; et, dans tous les genres, cette dernière espèce de consommation l'emporte infiniment en importance, sur celle qui se borne aux classes élevées de la société. Qui ne connaît l'immense fabrication des soieries dans les départemens du *Gard*, de l'*Hérault*, de *Tarn-et-Garonne*, etc. ?..... et les belles papeteries de l'*Ardèche*, de la *Charente*, des *Basses-Alpes*, de l'*Aude*, de *Lot-et-Garonne*, des *Hautes-Pyrénées*, du *Tarn* ?..... et l'immense fabrication de savon et de soude artificielle de *Marseille* ? Et n'est-ce pas dans plusieurs de nos départemens du Midi que sont établies les fabriques de verdet, de crême de tartre, de tabletterie en corne et en buis, de chapeaux de paille, de ganterie, de bouchons de liége, de résine et de térebentine, de fruits secs et confis, de parfums et essences, etc., qui se répandent dans tout le royaume et dans les pays étrangers ?..... Et un grand nombre de ces départemens ne contiennent-ils pas des tanneries et mégisseries très-renommées, des fabriques de toiles à voile et de toiles de ménage, des faïenceries et verreries, etc. ?.....

Sans doute le Midi tire aussi du Nord quelques produits industriels ; mais pense-t-on qu'il ne trouve pas une ample compensation dans deux sources fécondes de sa richesse dont je n'ai pas encore parlé, les huiles d'olives et les soies, pour lesquelles le Nord est et sera vraisemblablement toujours tributaire envers lui ?.....

Passons à l'industrie des troupeaux, que les négocians de Bordeaux prétendent aussi faire considérer comme l'apanage exclusif des départemens du Nord ; pour cette branche d'industrie, comme pour la plupart de celles que je viens d'énumérer, voyons si c'est exclusivement dans l'intérêt du nord de la France qu'ont été établis les droits d'entrée sur les laines et les bestiaux : il faudrait bien peu connaître l'agriculture du midi du royaume, pour ne pas savoir que l'industrie des bêtes à laine en forme une des bases principales; mais ici nous avons des chiffres dont nous pourrons obtenir quelques résultats précis. M. *Chaptal* a publié en 1822 un tableau de la production des laines en France, en la divisant par départemens. Il résulte de ce tableau que la production moyenne annuelle par département était de 409,000 kilogrammes pour toute l'étendue du royaume; maintenant si nous prenons sur ce tableau les trente-trois départemens situés au sud de la Loire, que l'on peut appeler le midi du royaume, nous trouvons que, dans ces trente-trois départemens, on en compte dix-sept dont la production annuelle est supérieure à la production moyenne de tous les départemens de la France : ces départemens sont ceux de l'*Aude*, de l'*Aveyron*, des *Bouches-du-Rhône*, de la *Drôme*, du *Gard*, de la *Haute-Garonne*, de l'*Hérault*, de la *Lozère*, du *Puy-de-Dôme*, des *Pyrénées-Orientales*, du *Tarn*, du *Var*, du *Cantal*, de la *Gironde*, du *Lot*, de *Vau luse* et des *Basses-Pyrénées*; et parmi ces départemens, il en est plusieurs que l'on peut mettre au nombre des plus riches du royaume, pour la récolte des laines. Dans la liste que je viens de présenter se trouve la Gironde, qui produit annuellement 438,000 kilogrammes de laines: La *Gironde*, vous entendez bien; ce même département d'où quelques voix se sont élevées pour nous présenter comme un fait à l'abri de toute contestation, que la France du Nord exerce le monopole de l'indutrie des troupeaux. Pour la production des chevaux et des mulets, on sait bien que le Limousin, l'Auvergne et les départemens voisins des Pyrénées, sont au nombre des parties les plus riches de notre territoire. Quant à l'industrie du bétail à cornes, personne sans doute ne sera disposé à contester que c'est dans les départemens du Midi en général que la production a reçu le plus de développement, et c'est la véritable patrie de la race bovine. Les fromageries du *Cantal*, du *Puy-de-Dôme*, de l'*Aveyron*, des *Hautes* et des *Basses-Alpes*, etc., etc., attestent d'ailleurs que l'industrie n'y est pas moins avancée dans l'art d'utiliser les produits de cette espèce de bétail..... On peut juger maintenant si le Midi est resté plus arriéré dans l'industrie des troupeaux que dans tant d'autres branches industrielles ; et si la prohibition des tissus étrangers, ainsi que les droits de protection sur les laines, les huiles, les fers, etc., sont un monopole du Nord au détriment de nos départemens méridionaux. Je l'avoue, j'éprouve un sentiment pénible en terminant cette énumération des richesses industrielles de l'une des parties les plus intéressantes de notre territoire, lorsque je songe qu'elle a été nécessaire pour montrer à des habitans du Midi eux-mêmes qu'ils ont méconnu leur propre pays; mais enfin, elle suffira bien, sans doute, tout incomplète qu'elle est, pour établir une vérité qui sort de tout ceci avec une irrésistible évidence; savoir que Bordeaux, en se constituant le défenseur du midi de la France, n'a vu dans tout le Midi que les intérêts de Bordeaux lui-même.

Il est néanmoins une production pour laquelle le midi du royaume est demeuré évidemment en arrière. Malheureusement cette production est la plus importante de toutes, celle qui entre pour la valeur la plus élevée dans la richesse nationale, et dans la consommation des populations : je veux parler des céréales. La culture des départemens méridionaux est certainement très-active et très-prospère sous quelques rapports; et l'on a pu voir par l'énumération que je viens de faire, qu'ils tirent de leur sol de riches produits; mais l'agriculture proprement dite, le genre de culture qui a pour base la charrue, et dont les produits essentiels sont les grains, y est dans un état peu avancé, relativement à quelques parties du territoire du Nord. Il est cependant plusieurs départemens du Midi qui produisent des grains en quantité suffisante pour leur consommation; quelques-uns même en produisent un excédent assez considérable: tels sont ceux de l'*Ariège*, de l'*Aude*, de la *Charente-Inférieure*, de la *Haute-Garonne*, du *Gers*, du *Lot*, du *Puy-de-Dôme* et de *Tarn-et-Garonne*; mais en général le Midi tire encore des départemens du Nord ou de l'étranger une partie de son approvisionnement en grains. Il faut faire remarquer, au reste, que malgré les imperfections des procédés de l'agriculture, on produit incontestablement des céréales dans tous nos départemens du Midi, pour une valeur plus élevée que celle des vins; et l'on doit se rappeler que de 1823 à 1827, époque d'avilissement du prix des grains, les plaintes les plus graves et les plus multipliées se firent entendre dans presque tous nos départemens du Midi, sur l'insuffisance des mesures de protection, et sur l'admission des grains à l'entrepôt de Marseille. On a pu juger par là que cette branche de l'art agricole occupe bien plus de place dans les intérêts du Midi que ne semblent le croire les négocians de Bordeaux.

Mais l'infériorité actuelle de la production des grains dans le midi de la France est-elle due, comme le dit le commerce de Bordeaux, *à ce que le sol du Midi est rebelle à toute autre culture que celle de la vigne?...* Pourquoi donc en serait-il ainsi? Croit-on que la température y est trop élevée pour la production des céréales? L'exemple de plusieurs parties de l'Italie, de l'Espagne et des côtes d'Afrique démentirait complètement cette opinion. Serait-ce la nature du sol qui s'opposerait à cette culture ? Mais rien n'est plus varié que la nature du terrain dans toutes nos provinces du Midi, de même que dans celles du Nord; et dans cette diversité, toutes les cultures peuvent trouver place. Mille exemples dans presque tous les départemens de cette partie du royaume prouvent au reste que cette opinion n'a pas le plus léger fondement. Tous les propriétaires éclairés du Midi connaissent parfaitement aujourd'hui la cause de cette infériorité dans l'industrie agricole, et un grand nombre d'entr'eux travaillent activement à la faire disparaître : l'industrie des cultivateurs et l'attention des propriétaires s'étaient particulièrement dirigées, depuis fort long-temps, dans ces belles contrées, vers des produits que le climat pouvait leur faire considérer comme des faveurs spéciales de la nature. La culture de l'olivier, du mûrier, mais surtout de la vigne a été l'objet de toutes les prédilections. Les vignobles n'occupent néanmoins qu'une très-petite partie du sol dans ces départemens; et si l'on rapproche de la surface totale de chaque département, l'étendue des vignes indiquée par M. Chaptal, dans le tableau que j'ai déjà cité, on trouvera que dans quatre départemens seulement l'étendue des vignobles dépasse le dixième de la surface totale: ce sont l'*Hérault*, le *Gard*, le *Gers* et la *Charente-Inférieure*; et en masse on peut évaluer cette proportion au quinzième pour tous les départemens du Midi; en sorte qu'en moyenne sur un domaine de 15 hectares, un seul hectare est en vignes, et les autres se composent pour la plus grande partie de terres arables ou qui pourraient le devenir. Mais c'est sur cet hectare, portion si faible de son domaine, que le propriétaire a dès long-temps concentré ses capitaux et ses soins; c'est à lui qu'il applique presque tous les fumiers et les bras dont il peut disposer. Il a laissé le reste du domaine sous le déplorable système de métayage, afin d'être plus libre de consacrer à son vignoble tous les moyens d'en accroître la valeur. C'est bien là le tableau fidèle de l'état des choses dans le plus grand nombre des exploitations du Midi; et c'est ainsi que les propriétaires de vignes se sont considérés quelquefois, comme constituant une classe à part, parce qu'ils avaient presque oublié qu'ils sont aussi les propriétaires des terres. Ces dernières ne leur offrent en effet presqu'aucun produit, parce que leur culture est négligée, tandis qu'ils trouvent un revenu important dans les vignes. Il était impossible qu'un tel état de choses ne fût pas compris par ceux des propriétaires qui se distinguent le plus éminemment par leurs lumières et leur instruction; et pour tous ceux-là, il demeure évident aujourd'hui que la prédilection pour la culture de la vigne a produit dans le midi de la France un effet analogue à celui qu'ont produit en Espagne les mines du Nouveau-Monde; c'est-à-dire qu'elle a fait négliger la source la plus féconde de la richesse du pays. Une multitude de propriétaires reconnaissent très-bien que si l'hectare de vigne leur offre un produit brut plus élevé, ils peuvent trouver un produit net tout aussi satisfaisant dans chaque hectare de leurs terres si négligées jusque-là. Aussi, rien n'est plus remarquable que l'élan qui se manifeste, dans presque tous les départemens du Midi, vers les améliorations de la culture des terres arables: et sous ce rapport, l'observateur attentif peut reconnaître que cette partie de notre territoire, marche bien plus rapidement que le Nord dans la voie des progrès. Les succès viennent presque partout couronner les efforts de ce genre ; et j'engagerais celui qui douterait de cette vérité à visiter les exploitations de M. le comte *Louis de Villeneuve* dans le Tarn ; de MM. *Demoux, Bonnet*, près de Carcassonne ; de MM. de *Grisony, Duffourc*, dans le Gers ; de MM. *Demalaret* et *Lacroix*, dans la Haute-Garonne ; de M. *Rodat*, dans l'Aveyron ; de MM. *Gasparin, Dumat*, dans la Drôme ; de M. *Lioud*, dans l'Ardèche ; de M. *Vincent*, dans le Gard ; de M. *Plauche*, dans le département des Bouches-du-Rhône ; de MM. de *Colbert-Turgis, Jullien, Bergasse*, dans le Var. Je ne cite ici qu'une infiniment petite partie des propriétaires qui s'occupent activement dans le Midi, d'améliorer les procédés de la culture qui a pour principal objet la production des céréales ; mais partout on trouvera des exemples qui ne laisseront aucun doute sur les succès qui seront le résultat des efforts que l'on dirige dans cette voie ; et si l'on observe les faits et les résultats déjà obtenus dans une multitude de localités, on se convaincra que le temps n'est pas bien éloigné où nos départemens du Midi se suffiront à eux-mêmes, pour leur consommation en grains. Jusqu'ici l'exportation de quelques produits spéciaux de leur sol ou de leur industrie a suffi largement pour solder les importations de ce genre ; mais la culture de ces produits ne diminuera en rien par l'accroissement de celle des céréales. Elle s'accroîtra, au contraire, parce que la consommation locale prendra une grande extension, par suite de l'accroissement de population, qui sera le résultat des améliorations de la culture des fermes. Cette révolution agricole ne peut donc manquer de porter nos provinces du Midi à un degré de prospérité qui ferait pencher entièrement de leur côté la balance entre le midi et le nord du royaume, si cette dernière partie ne trouvait dans le développement d'autres branches d'industrie, le moyen de rétablir l'équilibre. C'est ainsi que par un mutuel concours de travaux et d'efforts, les diverses parties de notre territoire contribueront à accroître la richesse et la prospérité de la patrie commune; et pour tout homme qui comprend bien la position industrielle du midi du royaume, c'est dans cet avenir qu'il doit trouver un développement de richesse et de population qu'il ne pourrait attendre d'aucun accroissement, quel qu'il fût, dans la somme de ses exportations.

II.e CHAPITRE.

DES

INTÉRÊTS SPÉCIAUX DU COMMERCE;

De l'importance relative de l'industrie intérieure et du commerce extérieur, pour la richesse des nations; et du système de protection par les mesures de douanes.

Je viens de présenter le tableau des rapports qui lient entr'eux, dans les diverses parties de notre territoire, les intérêts des industries productrices; et l'on a pu voir comment les progrès de chacune d'elles concourent à la prospérité des autres, en accroissant les débouchés de leurs produits. Recherchons maintenant les rapports de l'industrie commerciale avec les autres industries du pays. Il faut d'abord diviser le commerce en deux classes bien distinctes : la première est celle qui s'occupe de transporter, dans les diverses parties du territoire, les productions qui sont créées dans d'autres, et de mettre à la portée des consommateurs, à mesure de leurs besoins, par des ventes en gros ou en détail, les produits industriels de toute espèce. L'autre classe se compose du commerce d'importation et d'exportation. Le commerce de la première classe, ou le commerce intérieur, couvre toute la surface du pays ; il met en mouvement des produits pour une valeur au moins vingt fois plus élevée que le commerce extérieur, et il fournit des moyens d'aisance à un nombre de commerçans peut-être deux cents fois plus considérable que ce dernier. Les intérêts de cette classe de commerçans sont entièrement d'accord avec ceux des producteurs agricoles ou manufacturiers ; cette espèce de commerce est le plus puissant auxiliaire de l'industrie intérieure, et cette dernière ne peut prospérer sans que le commerce intérieur reçoive un développement correspondant. Il est donc bien certain que pour les industries agricole et manufacturière et pour le commerce intérieur, il est de la plus parfaite exactitude de dire *que les industries sont sœurs ;* et que les progrès de chacune d'elles facilitent et provoquent le développement des autres.

Si nous considérons maintenant le commerce extérieur, nous trouverons qu'il est placé dans un rapport fort différent avec les autres industries du pays ; on peut bien dire, en général, que le commerce extérieur ne peut exporter une grande masse de produits, qu'autant qu'ils sont créés à l'intérieur, et qu'il doit désirer que la nation soit riche, afin qu'elle puisse lui acheter une grande quantité de produits étrangers. Ainsi, tant qu'on reste dans les généralités, les intérêts du commerce extérieur, considérés d'une manière abstraite, sont d'accord avec ceux des autres industries du pays ; mais cette union cesse dès que l'on considère spécialement tel ou tel genre d'industrie : le commerce maritime aurait autant d'intérêt à étouffer, dans l'intérieur du pays, les branches d'industrie qui créent des produits analogues à ceux qu'il importe, ou peut importer, qu'à favoriser les progrès de celles qui ont pour objet les productions qui font la matière de ses exportations; et le beau idéal pour lui serait qu'aucune nation ne produisît les objets de sa propre consommation, mais que chacune d'elles fournît à ses besoins par les produits des peuples étrangers. D'ailleurs, s'il est vrai de dire qu'il est de l'intérêt du commerce maritime que la nation soit riche, afin qu'elle puisse lui acheter une grande masse de produits, c'est là un intérêt abstrait et éloigné, qui se trouve perpétuellement en opposition avec des intérêts directs et immédiats; et lorsqu'il sera question d'un négociant en particulier, il est facile de comprendre comment se balanceront dans son esprit ces divers intérêts, pour former la règle de ses déterminations et de ses vœux. Pour la fabrication des fers, par exemple : si cette industrie cesse de prospérer dans l'intérieur, le pays pourra s'appauvrir par la ruine de l'une de ses plus importantes branches de fabrication; mais si un négociant peut, à l'aide de la suppression des droits d'entrée, introduire dans un de nos ports, dès demain, et dans le cours des années prochaines, de grandes masses de fers étrangers, avec un profit considérable, pense-t-on que son intérêt sera vivement touché de cette considération que ses successeurs pourront trouver le pays appauvri, et ne plus y rencontrer les mêmes ressources pour la vente des denrées qu'ils importeront?

Le commerce maritime a en horreur, et à juste titre, dans son intérêt spécial, toute conquête industrielle, par laquelle le pays peut remplacer le produit des importations : aussi les négocians de Bordeaux ne peuvent dissimuler leur mauvaise humeur contre ce qu'ils nomment *les prétendues conquêtes de l'industrie*. Prenons pour exemple une de ces conquêtes, qui, par son importance, mérite le mieux d'attirer l'attention du pays, je veux dire la fabrication du sucre indigène; incontestablement, la découverte de l'existence d'un sucre entièrement semblable à celui de la canne, dans un végétal que produisent abondamment nos contrées, ainsi que des procédés à l'aide desquels on peut l'en extraire en grand, sera considérée un jour comme une des plus belles époques de l'industrie dans l'ancien continent. Cette branche d'industrie marche à grands pas dans notre pays vers le terme qu'elle doit atteindre; il n'est plus guère douteux que l'Europe ne doive bientôt être affranchie des Deux-Indes, pour son approvisionnement en sucre, la plus importante de toutes les productions coloniales; et c'est la France qui s'est placée en première ligne dans cette nouvelle branche d'industrie. Pour l'industrie intérieure de tous les peuples de l'ancien continent, c'est là une conquête d'une immense importance, et dont les résultats, sur la richesse des nations, est incalculable; mais ce sera au détriment du commerce maritime qu'elle s'accomplira: l'intérêt du commerce de Bordeaux et du Havre se concentre naturellement sur les 80 millions de kilogrammes de sucre qui s'importent chaque année dans le royaume; et ici, comme dans toutes les questions de ce genre, chaque pouce de terrain conquis par l'industrie du pays est un empiètement sur le domaine du commerce extérieur.

Il n'y a donc pas en France des intérêts du Midi et des intérêts du Nord; et les intérêts vinicoles ne font pas exception, car ils sont d'accord avec les autres intérêts territoriaux, c'est-à-dire, avec ceux de toutes les branches de l'industrie intérieure. Mais il y a, au Midi comme au Nord, un intérêt d'industrie intérieure et un intérêt maritime, entièrement distincts et souvent opposés ; aussi voyez si c'est dans les villes du Midi que les doléances du commerce de Bordeaux ont trouvé de l'écho? Est-ce de *Carcassonne*, de *Castres*, de *Grenoble*, de *Nîmes*, que sont parties les adhésions à ces doléances ? Nullement : mais c'est du *Hâvre;* parce que là il y a identité complète d'intérêts. Quelques propriétaires de vignes peu éclairés ont bien pu se laisser égarer sur leurs véritables intérêts, et consentir à servir de prête-noms à certaines adresses et à certaines déterminations ; mais le doigt du commerce extérieur est empreint dans toutes les publications que l'on a vues paraître sur ce sujet, parce que ce sont vraiment ses intérêts qui sont en cause.

Dans tout ceci, je n'ai étudié que les intérêts : le patriotisme, les sentimens de bienveillance envers des compatriotes, je n'ai dû en tenir aucun compte ; il ne faudrait pas que l'on en conclût que j'ai voulu imputer à la classe des commerçans, que j'honore autant que personne, des dispositions hostiles qui entreront difficilement dans des cœurs français. On sáit toutefois combien il est ordinaire que nos opinions soient, à notre insu, dirigées par nos intérêts ; et l'on a fréquemment l'occasion de remarquer qu'avec la meilleure foi du monde, notre position dans la société exerce sur nos sentimens et nos actions, une influence qui nous est inconnue à nous-mêmes. Cette considération expliquera d'une manière très-naturelle beaucoup de divergences d'opinions sur les questions les plus graves d'intérêt social ; c'est pour cela qu'il m'a semblé que pour apprécier les opinions à leur juste valeur, il faut se former des idées parfaitement nettes sur les intérêts.

Les mesures de protection en faveur de l'industrie

nationale, au moyen des prohibitions ou des tarifs de douanes, offrent le terrain sur lequel se manifeste le plus fréquemment et le plus vivement la divergence des intérêts entre les industries intérieures et le commerce extérieur ; et c'est sur ce terrain que s'est placé le commerce de Bordeaux, en se couvrant du masque des intérêts du midi du royaume. Les mesures de protection ne sont pas une invention de nos jours; et en remontant à une époque fort reculée, on trouve des exemples de restrictions de ce genre imposées par les gouvernemens, dans l'intention de favoriser telle industrie spéciale. Le simple bon sens a fait sentir de bonne heure aux nations, qu'il vaut mieux, pour elles, produire un objet qu'elles consomment, que l'acheter de l'étranger; mais c'est seulement en Angleterre, et dans le cours du dix-septième siècle, que ces mesures ont été coordonnées en un système complet et régulier, qui a reçu le nom de *système de protection*. A l'abri de ce système, toutes les industries ont reçu, dans le Royaume-Uni, un développement sans exemple dans l'histoire du monde.

Une école d'économistes dogmatiques a toutefois attaqué ce système vers le milieu du siècle dernier; et l'on a cherché à prouver qu'au lieu d'être utile aux nations qui l'adoptent, il tend au contraire à arrêter le développement de leur industrie. Il a bien fallu prétendre aussi que l'Angleterre était parvenue au degré de richesse et de prospérité qu'on lui connaît, malgré le système de protection qui forme la base de ses institutions commerciales, et non à cause de ce système; et on l'a dit, car pour les hommes dominés par de certaines préoccupations systématiques, les faits ne sont rien. Ils les dénient ou les récusent lorsqu'ils ne sont pas d'accord

faire entendre les réclamations les plus vives ; et les adresses de Bordeaux et du Havre ne sont que la centième répétition de ces plaintes, fondées ici comme elles l'ont toujours été, sur quelques lieux communs, mis en vogue dans une portion de la société par les doctrines de l'école mercantile : par exemple on crie anathème contre le *privilège* et le *monopole* créés en faveur de quelques classes industrielles, au préjudice du reste de la population..... Mais en vérité qu'est-ce donc qu'un privilège établi en faveur de tous ceux auxquels il plaira d'y prendre part ? Dans un pays où l'industrie est libre, les professions tendent sans cesse à se niveler sous le rapport des profits ; et si une profession se trouve favorisée par quelque cause que ce soit, les capitaux et le travail s'y précipitent de manière à rétablir bientôt l'équilibre, c'est-à-dire, jusqu'à ce que la concurrence ait ramené les bénéfices et le produit du travail, au même taux que dans les autres industries qui peuvent aussi appeler le travail et les capitaux. Dans une ville, le nombre des marchands et des artisans qui s'adonnent à la même profession, se trouve assez restreint ; cependant personne ne songe à croire qu'ils exercent un monopole à l'égard des consommateurs ; c'est que le nombre des industriels étant illimité, tout monopole devient réellement impossible ; parce que mille personnes accourraient pour y prendre part, s'il pouvait exister en faveur d'une branche spéciale d'industrie. Et l'on croirait qu'au sein d'une nation de 32 millions d'habitans actifs et industrieux, on pourrait, par un moyen quelconque, et sous le régime de liberté industrielle, établir un monopole en faveur d'une classe spéciale de producteurs !..... Si, par l'effet de la prohibition ou de droits très-élevés à l'entrée, le prix d'une denrée s'élève à l'intérieur, mille industriels s'efforceront de la produire ; et la concurrence ne cessera de tendre à en abaisser le prix, qu'au moment où ce dernier sera descendu à un taux correspondant à celui de tous les autres produits industriels. Et si ce prix reste encore plus élevé que celui auquel quelques nations étrangères pourraient fournir le même produit, c'est que les circonstances de la production ne sont pas les mêmes dans les deux pays, du moins pour le moment : mais les industriels qui créent ce produit à l'intérieur, se trouvent, sous le rapport des bénéfices et de la concurrence, dans la même situation que tous les autres producteurs. Ce n'est donc qu'en dénaturant la signification des mots et les idées du bon sens, qu'on peut appliquer les dénominations de privilège et de monopole en faveur d'une classe particulière de producteurs, aux restrictions imposées à l'entrée des produits étrangers. Ces restrictions créent cependant un véritable privilège, mais c'est au préjudice de l'industrie étrangère et au profit de l'industrie du pays, qui y prend part tout entière, soit directement, soit indirectement, par les rapports qui lient si étroitement toutes les industries les unes aux autres, pour le développement de leur mutuelle prospérité.

L'intérêt des consommateurs est aussi un des textes favoris des hommes qui proclament l'utilité de la liberté illimitée du commerce ; et Dieu sait si les négocians de Bordeaux et du Hâvre se sont fait faute de ce moyen de répandre sur leurs réclamations un vernis d'intérêt général. Mais qu'entend-on donc par ce mot de consommateurs ? Croirait-on que les droits d'entrée imposés sur une denrée en particulier, sont supportés exclusivement par les hommes qui consomment cette denrée ?

Ce serait là l'idée la plus fausse en économie sociale : si cette denrée est une matière première comme le fer, les industriels de tous les genres qui la consommeront, retrouveront l'excédent du prix qu'ils auront payé sur celui des produits de leur fabrication ; en sorte que c'est tout le monde qui paie l'excédent du prix qui résulte du droit d'entrée sur les fers, comme sur le coton ou sur toutes les autres matières premières. Il en est entièrement de même des matières destinées immédiatement à la consommation : pour les consommateurs de chacune de ces denrées, l'excédent du prix augmente les dépenses de la vie, et par conséquent le prix du travail; et chacun retrouve dans l'excédent du prix de ces produits, l'excédent du montant de ces dépenses. Ainsi, si c'est tout le monde qui paie ici comme consommateurs, c'est aussi tout le monde qui reçoit comme producteurs, car tout le monde est là pour recevoir, avec son travail, son industrie, ses capitaux ou ses terres. C'est tout le monde qui paie à tout le monde ; mais chacun reçoit ici beaucoup plus que l'équivalent des sacrifices qu'il fait, parce que les industries favorisées aux dépens de l'étranger, causent, par la multiplication des travailleurs qu'elles emploient, et au profit de tous les autres genres d'industrie, une immense consommation de produits de toute espèce, que ne consommeraient certes pas les nations étrangères dont l'industrie s'élèverait sur la ruine des fabriques du pays, en nous fournissant les mêmes produits. Les consommateurs ne sont donc ici qu'un mannequin que l'on place devant soi pour masquer des intérêts d'un autre genre.

Il est certain que le résultat des droits d'entrée sur certains produits est d'accroître le prix des denrées de toute espèce, et de rendre la vie plus coûteuse. L'Angleterre nous fournit depuis long-temps l'exemple de cette combinaison artificielle dans laquelle tous les objets nécessaires à la vie sont rendus plus chers, mais où tout le monde est rendu plus riche dans la même proportion que tout est plus cher. Mais un tel système ne présente-t-il pas de graves inconvéniens, dira-t-on ?.... L'examen de cette question serait complètement oiseux, car les nations sont dominées ici par une nécessité que l'on ne peut méconnaître. D'abord, remarquons que les impôts de consommation sur certains produits créés à l'intérieur, produisent un effet entièrement semblable à celui que je viens d'exposer en parlant des droits d'entrée, c'est-à-dire qu'ils tendent à faire élever les prix des produits de tout genre : l'impôt sur le sel, sur le vin, etc., n'est pas supporté en définitive par ceux qui consomment ces denrées, mais par la masse entière des consommateurs, et dans la proportion de leur consommation de tout genre. En effet, ces impôts, en rendant la vie plus chère, augmentent nécessairement le prix du travail, et par conséquent celui des produits de toute espèce. Mais lorsqu'une nation a été forcée d'élever ainsi artificiellement, par l'effet des impôts qui sont nécessaires aux dépenses sociales, le prix de tous les produits de son industrie, permettra-t-elle que les nations étrangères profitent de cette élévation de prix pour venir offrir sur son propre marché, des objets qu'elles ont pu produire dans des circonstances plus favorables? Agir ainsi, ce serait anéantir sa propre industrie. Il est donc évident que le système de protection avec tous ses résultats, est une conséquence inévitable du système des impôts indirects. D'ailleurs il faut bien reconnaître que nous sommes entourés de nations chez lesquelles le système de protection va tous les jours s'organisant et se consolidant. Ne voir dans les mesures que prennent successivement tous les gouvernemens, dans l'intérêt de l'industrie de leur pays, que des représailles contre les mesures adoptées chez nous, c'est là une pure niaiserie, trop souvent répétée par des hommes sérieux : chacun se dirige dans cette route d'après ses propres intérêts. L'Angleterre a rendu nécessaire cet état de choses, par le monopole qu'elle avait créé en sa faveur, à l'aide de son système de protection si fortement organisé; le blocus continental a été la réaction de ce système; mais aujourd'hui il tend à prendre son équilibre dans le monde entier; et ce serait fermer les yeux à l'évidence, que de ne pas reconnaître que le système de protection est désormais la base du droit public commercial entre les nations civilisées. Dans un tel état de choses, permis aux hommes qui aiment à raisonner, de rechercher dans des hypothèses et des abstractions, les avantages ou les inconvéniens de ce système. Que l'on cherche à persuader aux nations qu'il leur convient de l'abandonner, à la bonne heure; mais jusqu'à ce que toutes les nations s'accordent pour l'anéantir, il forme pour chacune d'elles un état de chose avec lequel il faut bien s'accoutumer à vivre; car il serait insensé de vouloir qu'une nation ouvrît librement son marché à celles qui ne lui offrent pas la réciprocité.

On peut se tranquilliser, au reste, sur certains inconvéniens que l'on nous signale comme le résultat nécessaire du système de protection, et dont quelques personnes semblent singulièrement préoccupées: les nations, nous dit-on, vont donc être isolées entr'elles? Tous les liens de sympathie qui les unissent vont disparaître : on soutient qu'une alliance entre la France et l'Angleterre ne peut être durable, si on n'élargit les voies commerciales entre les deux peuples; et lorsque ceux qui nous tiennent ce langage veulent bien se contenter, pour le présent, de quelques larges concessions au système de liberté commerciale, on ne dissimule pas que c'est pour parvenir, à une époque peu reculée, à un affranchissement complet des relations commerciales, but favori de l'école mercantile. Mais pourquoi donc les nations ne pourraient-elles vivre en bonne intelligence entr'elles, sans ouvrir la porte à toutes les voies du commerce? Dans la vie privée, nous avons des amis, des frères, sans mettre en commun nos intérêts avec les leurs; il peut en être et il en est réellement de même entre les nations. Vous avez un voisin qui récolte du vin; est-il donc impossible que vous conserviez avec lui des relations de bon voisinage, si vous faites ailleurs que chez lui votre approvisionnement de boisson? Et quel droit aurait une nation de se plaindre que nous refusons de prendre ses fers ou ses tissus, parce que nous préférons consommer ceux que nous produisons nous-mêmes? L'Angleterre, moins que toute autre puissance, serait disposée à des plaintes de ce genre, à l'égard des nations envers lesquelles elle n'est pas en mesure de les traduire en exigences, car aucune nation n'a usé plus largement qu'elle-même, de la faculté de ne consulter à cet égard que ses propres intérêts. Sans doute cette nation s'efforcera de déterminer les autres peuples à élargir les voies commerciales; et elle donnera même l'exemple par quelques concessions sur le système de restrictions qui lui a été si profitable. Il est bien évident, en effet, qu'elle pourrait aujourd'hui, mieux que beaucoup d'autres nations, supporter le système de liberté commerciale, parce qu'à l'aide de ses mesures de protection, elle a pu se placer au-dessus de toute concurrence, pour un grand nombre de produits. Lorsque les autres nations se sont déterminées à repousser les produits anglais par des prohibitions ou des droits à l'entrée, M. HUSKISSON a eu raison de dire que les mesures de protection sont pour l'Angleterre un système usé; aussi, le commerce anglais s'efforcera de s'appuyer sur les dispositions libérales des autres nations, et surtout du peuple français, pour accréditer l'opinion que le système de protection est une chose détestable pour les nations qui l'adoptent. Le gouvernement anglais lui-même fera deux pas rétrogrades dans la route des restrictions, puis il s'arrêtera pour voir si quelqu'un est disposé à en faire quatre; mais en définitive, il ne cédera que sur des points où il est bien certain d'avoir plus à gagner qu'à perdre; et le système de protection continuera, malgré les plus libérales démonstrations, à faire la base du droit commercial en Angleterre. Nos voisins ne peuvent donc être disposés à nous contester le droit d'en faire autant chez nous, et il n'y a là aucune cause de rupture ou même de mésintelligence entre les deux nations. Aussi on remarquera que c'est sous l'empire du système restrictif, de part et d'autre, que l'on a vu s'effectuer une véritable réconciliation, et naître une sympathie très-prononcée entre deux peuples depuis si long-temps rivaux. Il n'est nullement douteux que cette bonne harmonie ne subsiste sous le même régime.

On peut même affirmer que le système de protection sera infiniment plus favorable à la conservation de la paix entre tous les peuples, que celui de la liberté illimitée du commerce. En effet, le commerce extérieur ne peut former, à l'égard d'un peuple, un intérêt assez puissant pour qu'il en naisse des causes de guerre, que lorsqu'il devient le monopole d'une nation, au préjudice de plusieurs autres. On conçoit bien que, dans ce cas, si ce monopole lui est disputé, ou si elle éprouve des obstacles à l'établir sur un point, elle pourra s'exposer à toutes les chances de la guerre pour la défense d'un intérêt qui devient immense pour elle. Mais toutes les fois que le commerce extérieur se borne à un échange mutuel du superflu des produits de chaque nation, c'est-à-dire, lorsqu'il se fait dans l'intérêt réciproque de toutes, les débats que peuvent soulever les questions commerciales présentent à chaque nation un intérêt fort restreint, pour le développement de son industrie intérieure ; et il n'est pas à craindre qu'on y trouve jamais un motif suffisant pour s'engager dans une lutte sanglante et ruineuse pour les peuples. L'établissement général du système de protection forme précisément un obstacle insurmontable à tout monopole commercial au profit d'une nation. Il est donc facile de prévoir que les questions commerciales cesseront de figurer à l'avenir au nombre des causes de ces luttes qui désolent le monde. Dans les débats de ce genre, les bouches à feu seront des restrictions réciproques ; et l'on finira par s'entendre, et par céder, de part et d'autre, tout ce qui peut concourir à établir des échanges mutuellement profitables.

Je viens de dire que, sous l'empire du système de protection, le commerce extérieur ne présenterait plus aux nations qu'un intérêt fort limité. En effet, si l'on consulte l'expérience de tous les temps, on demeure convaincu que le commerce extérieur ne présente, pour quelque nation que ce soit, qu'un intérêt fort subordonné, toutes les fois que cette nation n'a pas absorbé entre ses mains, par un véritable monopole, le commerce qui eût dû naturellement tourner au profit de plusieurs autres.

Pour la France, en particulier, le commerce extérieur n'a jamais été qu'un intérêt extrêmement secondaire, si on le compare aux sources de richesses que le pays trouve dans le développement de son industrie intérieure. Depuis long-temps, beaucoup de personnes sont disposées à exagérer infiniment l'importance de notre commerce extérieur, et son influence sur la prospérité du pays; c'était là l'effet des doctrines répandues par l'école mercantile; et il faut bien le dire aussi, d'un sentiment de rivalité envers l'Angleterre, sentiment qui nous portait à nous grandir à côté d'elle, en nous efforçant de lui disputer le terrain sur le théâtre même de sa prospérité. Rien certainement n'était plus déplacé dans notre position qu'une semblable tentative; et si, au lieu de disputer à sa rivale le commerce du monde, la France en suivant la direction qui lui avait été imprimée par Sully, eût concentré ses efforts vers le développement de son industrie intérieure, elle aurait atteint à une prospérité bien autrement solide que celle dont l'Angleterre donne au monde le spectacle. Nous avons sans doute de riches produits à exporter; et les centaines de millions forment sur les relevés des douanes une masse qui séduit et impose. Mais combien tout cet éclat s'affaiblit, lorsqu'on vient à comparer nos plus brillantes exportations, aux produits de l'industrie intérieure: ceux-ci ne peuvent se constater par francs et centimes, comme les objets qui sont enregistrés au bureau des douanes; nous avons cependant des moyens d'en apprécier l'importance: et lorsqu'on les soumet au calcul, on reconnait de quel poids immense sont, dans la richesse générale du pays, la production et la consommation qui s'opèrent sur place, tous les jours, sans bruit et sans éclat, sur tous les points de la surface d'un vaste pays.

et qui roulent sur cette immense multitude de produits qui forment l'objet mutuel des échanges, dans une nation de trente-deux millions d'individus. Nos soieries et nos draperies offrent, certes, pour nous, un bel objet d'échanges avec l'étranger. Ces produits constituent les principaux articles de nos exportations, et ils y figurent pour environ 150 millions. Mais la plus modeste de nos industries, celle du cordonnier, crée des valeurs pour une somme beaucoup plus élevée, qui se produit et se consomme à l'intérieur. Les fabriques françaises de draps, que beaucoup de personnes croiraient anéanties si elles étaient privées de leurs exportations, trouvent cependant dans la consommation du pays, le débouché des neuf dixièmes au moins de leurs produits.

On ne peut estimer à moins de *dix milliards* la valeur des produits de tous genres, créés annuellement en France; et l'agriculture entre pour environ moitié dans ce chiffre. Depuis quarante années, la masse des produits de toute espèce s'est accrue, par le seul effet de la consommation intérieure, dans une proportion qu'il est facile d'apprécier: la population a augmenté d'environ un tiers, c'est-à-dire, dans la proportion de 25 à 32 millions; mais comme l'aisance est beaucoup plus grande dans toutes les classes, les consommations se sont accrues dans une beaucoup plus grande proportion; en sorte que c'est vraisemblablement rester au-dessous de la réalité que d'évaluer à 3 ou 4 milliards, en produits annuels ou en revenus, l'accroissement de la richesse du pays depuis cette époque. Maintenant, que sont nos exportations, comparées à la production générale établie ainsi; et que peut-on raisonnablement espérer qu'elles deviennent, sous l'empire de quelque législation que ce soit? Avant notre première révolution, les exportations de la France s'élevaient à environ *quatre cent cinquante millions;* aujourd'hui, elles sont un peu inférieures à ce chiffre, mais se maintiennent constamment au-dessus de *quatre cents millions*. Que l'on se demande s'il eût été possible à la France de trouver, dans un accroissement quelconque de ce commerce, l'équivalent des 3 à 4 milliards, qu'elle a dûs au développement de sa prospérité intérieure, pendant cette période d'isolement ou de restrictions commerciales? et que l'on remarque que quand même notre pays serait privé de tout commerce avec l'étranger, il trouverait dans l'accroissement qu'a reçu son industrie intérieure, environ dix fois l'équivalent de cette perte.

Naguère la seconde ville du royaume a été en proie à des dissentions qui font gémir tout homme qui porte un cœur français, et qui menacent de frapper de stérilité une des plus belles branches de l'industrie nationale. Sous les rapports moraux, le mal est incommensurable; mais sous le rapport économique, on peut soumettre au calcul les chances les plus funestes de cet événement, relativement à notre commerce extérieur. Nos exportations en tissus de soie dépassent la somme de 100 millions; et ce chiffre est certes bien assez élevé, pour que les partisans du commerce extérieur soient autorisés à dire qu'une des sources les plus fécondes de notre richesse nationale peut être gravement altérée par la diminution de nos exportations en ce genre. Cependant si l'on rapproche ces 100 millions de la masse totale des produits du pays, on trouve qu'ils n'en font qu'une centième partie. Il se rencontre certainement dans diverses circonstances accidentelles, telles que les chances des saisons ou autres accidens qui affectent la production ou la consommation à l'intérieur, des causes de diminution ou d'augmentation de produits, dans une proportion infiniment plus élevée que les pertes que le pays peut éprouver par le résultat des événemens que je viens d'indiquer ; et il est facile de comprendre avec quelle facilité une semblable perte pourrait être réparée par les améliorations, en apparence les plus insignifiantes, dans la production et la consommation intérieures.

Les cinq milliards qui forment approximativement la valeur des produits annuels du sol français, sont fournis par environ 40 millions d'hectares, soumis à diverses cultures, dont on peut présumer que 10 millions environ restent annuellement en jachères. Le produit brut est donc d'environ 166 francs en moyenne par hectare, jachères déduites. Mais supposons que, par l'effet de meilleures méthodes de culture, on accroisse le produit des terres cultivées, seulement de quatre à cinq francs par hectare, ou que l'on soumette à la culture le dixième seulement des terres qui restent en jachères ; nous trouverons pour résultat dans l'un et dans l'autre cas un accroissement de produits de 120 à 160 millions, c'est-à-dire, la création d'une valeur plus élevée que celle de toutes les soieries qui font l'objet de nos exportations. L'excédent de produits agricoles créés ainsi trouvera immédiatement son emploi, car la production aura exigé un nombre de travailleurs au moins double de celui qui est employé à la fabrication des soieries ; et ces hommes répandus sur toute la surface du territoire, ne formeront jamais d'associations de mutuellistes ; ils ne tireront pas de coups de fusil dans les rues ; ces hommes paieront par tête au trésor, au moins autant que les ouvriers des villes ; le produit de l'impôt sera donc doublé comme le nombre d'individus. Ces hommes sont ceux qui vous fournissent des soldats pour réprimer les émeutes, ou pour combattre les ennemis du dehors..... Mais ce n'est pas à 4 ou 5 francs par hectare qu'il faut évaluer l'augmentation possible des produits du sol français, par l'effet d'une meilleure culture; ce n'est pas au dixième que se borne la portion des jachères qu'il est possible d'ensemencer annuellement, sans nuire aux autres produits: beaucoup de terres bien cultivées, quoique de qualité médiocre, donnent annuellement en France un produit brut de 3 à 400 francs par hectare, et quelques-unes bien davantage, au lieu des 166 francs qui sont le terme moyen pour le royaume; et il ne faut à toutes les autres que de bons procédés, qu'elles recevront graduellement avec le temps, pour les porter à un produit égal, et peut-être même beaucoup supérieur, car nous sommes loin d'être parvenus aux limites de l'art agricole, même dans nos terres bien cultivées.

Nous trouvons dans le simple exposé de ces faits, l'histoire fidèle de l'accroissement de richesse de la France depuis 40 années. Ce n'est pas au commerce extérieur qu'elle doit cet accroissement, puisque le chiffre de nos exportations n'a pas encore atteint le niveau de ce qu'elles étaient en 1789; mais l'agriculture a fait des progrès très-réels, puisqu'elle peut fournir aujourd'hui des subsistances à 7 *millions* d'hommes de plus qu'avant la révolution. Toutes les branches de l'industrie intérieure ont dû nécessairement se développer à l'unisson de celle qui les domine toutes; de là l'accroissement de population, l'accroissement de l'aisance dans toutes les classes, l'accroissement du revenu public et de la puissance de la nation. Et si nous voulons porter nos regards dans l'avenir, quels nouveaux développemens de richesse et de puissance notre pays n'a-t-il pas encore à attendre des progrès, chaque jour plus marqués, de son industrie intérieure !.... Quelle vaste carrière que celle dans laquelle nous ne voyons pas encore le terme de nos progrès, à l'époque ou dix autres milliards seront ajoutés à ceux qui forment aujourd'hui le revenu de la France !..... Et c'est cet avenir que l'on voudrait mettre en balance avec des intérêts de commerce extérieur; c'est lui qu'on ne craindrait pas de compromettre, en sacrifiant les milliards de notre industrie intérieure, à quelques millions de plus ou de moins dans nos exportations !..... Et ici les milliards ne sont pas des êtres imaginaires ou chimériques : jamais les chiffres n'ont exprimé quelque chose de plus positif; jamais la réalisation des prévisions n'a offert plus de certitude: c'est là une carrière dans laquelle nous sommes entrés déjà depuis long-temps, et dont nous connaissons suffisamment les voies diverses. De la position où nous nous trouvons aujourd'hui, nous pouvons mesurer la route que nous y avons parcourue, juger des obstacles que nous y avons rencontrés, et apprécier les moyens que nous possédons d'y continuer notre marche progressive. Là nos succès ne dépendent que de nous ; et nos fautes pourraient seules compromettre les résultats que nous devons en recueillir.

Les causes qui agissent sur la production et la consommation intérieures, et les résultats qui en découlent passent presque inaperçus, parce qu'il n'y a pas là de bureaux de douanes pour les enregistrer, et parce que les faits de cet ordre, disséminés sur toute la surface du territoire, ne présentent sur aucun point ce spectacle imposant qui fait briller d'un si vif éclat, un port de mer ou une grande ville manufacturière; mais les considérations qui précèdent suffisent, je pense, pour montrer que les faits qui se rapportent à la production et à la consommation intérieures, exercent sur la richesse générale du pays, une influence incomparablement plus puissante que les circonstances relatives au commerce étranger; personne ne peut supposer, en effet, que des vins, des draps, des cuirs, des toiles, etc., exportés pour une valeur de 100 millions, contribuent davantage à la richesse du pays, que des produits de même valeur créés et consommés à l'intérieur. Les produis exportés seront échangés contre d'autres, du fer, je suppose, qui sera consommé dans le pays; l'effet est donc entièrement le même pour la richesse générale, que si le fer eût été produit à l'intérieur au lieu des produits exportés; et, dans un cas comme dans l'autre, ces produits fourniront un aliment au commerce, avec cette différence que, dans le dernier cas, l'intervention du commerce maritime eût été inutile et les bénéfices eussent appartenu au commerce intérieur. Mais sous le rapport de la sécurité dans la continuation des débouchés, personne ne doutera qu'il n'existe une énorme différence entre les deux genres de consommation, soit à l'intérieur, soit à l'étranger; et l'exemple de l'Angleterre est là pour nous montrer à combien de chances diverses sont exposés les genres d'industrie qui doivent aller chercher leurs débouchés chez les nations lointaines. Cet exemple nous montre comment une nation se place par ce seul fait, dans une véritable dépendance de l'étranger, puisque le sort d'une partie importante de la population du pays qui exporte, et peut-être le repos social chez ce peuple, se trouvent liés à une continuation de ses relations commerciales. Pour la consommation intérieure, au contraire, chaque peuple ne dépend que de lui-même et de l'industrie de ses habitans, pour le développement de sa prospérité et de sa richesse.

Je viens de dire que dans le cas d'échanges de produits pour une valeur de 100 millions avec une nation étrangère, l'effet exercé sur la richesse du pays par les produits importés, était entièrement le même que si ces produits eussent été créés à l'intérieur, en place de ceux qui ont été exportés en échange. Ici, on m'adressera l'objection que l'on répète sans cesse : vous convenez vous-même, me dit un disciple de l'école mercantile, que l'effet exercé sur la richesse du pays sera le même, soit que les produits aient été importés, soit qu'ils aient été créés à l'intérieur..... Sans doute, l'effet sera le même que si les produits importés eussent été créés à l'intérieur *à la place* de ceux qui ont été exportés en échange ; mais si au lieu de cela, le fer qui a été importé eût été produit à l'intérieur, par des hommes qui eussent consommé les produits qui ont été exportés en échange, comme cela a lieu naturellement en cas semblable, il est bien évident que l'effet n'eût plus été le même, mais que le nombre des travailleurs et la richesse du pays eussent été doublés. On conçoit facilement, en effet, que pour tous les produits importés ou exportés, chaque nation n'accomplit que la moitié de son rôle dans la production et la consommation, tandis qu'elle l'accomplit en entier pour les objets qu'elle produit et consomme. Les produits créés pour l'exportation n'ont donc, pour la richesse de la nation, que la moitié de la valeur qu'ils auraient, s'ils étaient créés et consommés dans le pays. De là le rôle immense que jouent les productions et les consommations intérieures, dans le développement de la richesse de chaque nation.

L'erreur de l'école mercantile, la voici : on a été ébloui par l'éclat qu'ont répandu, à diverses époques de l'histoire, les peuples qui se sont livrés à un commerce extérieur étendu ; on a cru que cette source de prospérité était également ouverte à tous les peuples. On n'a pas vu que si elle n'a jamais été exploitée avec de grands succès, que par un petit nombre de nations qui se sont succédées dans la période des temps historiques, c'est qu'il n'y a vraiment là de la matière pour des bénéfices d'une haute importance, que lorsque le commerce devient le monopole d'un peuple au préjudice d'un grand nombre d'autres ; et toutes les fois que le commerce extérieur se trouve distribué avec une certaine égalité entre les diverses nations, c'est-à-dire, lorsque chaque nation ne fait dans ce commerce que ses propres affaires, il n'y a plus pour chacune d'elles, du moins dans les circonstances ordinaires, que la matière d'une industrie très-secondaire pour son importance, parce que, si l'on en excepte quelques cas spéciaux, la quantité de produits dont une nation peut espérer trouver le débouché au dehors, ne forme jamais qu'une fraction infiniment petite de la masse des produits qui sont consommés par ses habitans.

On nous dit, il est vrai, que les échanges entre les peuples vont se multiplier dans une proportion incroyable, à mesure que l'industrie et la civilisation feront de nouveaux progrès ; et le commerce de Bordeaux affirme avec assurance que *le commerce extérieur est le grand pivot des richesses publiques, lorsque la civilisation est fortement avancée.* Je ne sais pas trop sur quoi il serait possible d'appuyer une semblable assertion ; mais ce qui est bien certain, c'est qu'au contraire, à mesure que les peuples s'avancent dans la carrière industrielle, leurs efforts se dirigent vers les moyens de réduire, autant qu'ils le peuvent, la masse des produits qui leur sont fournis par d'autres nations ; et, à moins qu'on ne trouve un expédient pour faire en sorte que les exportations de tous les peuples s'accroissent pendant que les importations diminueront chez toutes les nations, je crains bien qu'il ne soit beaucoup plus exact de dire qu'on doit s'attendre à voir diminuer la masse du commerce extérieur chez tous les peuples du monde, dans une proportion analogue aux progrès de la civilisation et de l'industrie. Tout le monde, en effet, n'a pas la même horreur que les négocians de Bordeaux, pour ce qu'ils appellent les *prétendues conquêtes industrielles.* La tendance de l'industrie, au contraire, dans tous les temps et chez toutes les nations, a été de s'efforcer de s'approprier les branches de fabrication qui créent les produits que l'on est forcé de demander à l'étranger. Dans l'industrie de tous les peuples, presque tout est une conquête qui remonte à une époque plus ou moins éloignée; et l'industrie vinicole elle-même a été autrefois une conquête industrielle pour le midi de la France. Et vous prétendriez tirer aujourd'hui la ligne de démarcation, et élever la barrière qui s'opposerait, chez tous les peuples, à toute conquête ultérieure!..... Parce qu'on a jusqu'ici tiré du sucre de l'Inde ou de l'Amérique, vous diriez à l'Europe: vous ne fabriquerez pas de sucre!........... Quoi qu'on dise, quoi qu'on fasse, les progrès de l'industrie tendront toujours à de nouvelles conquêtes industrielles, c'est-à-dire, à diminuer la masse des importations chez tous les peuples, parce que c'est là le but naturel des recherches et des efforts de tous les industriels. C'est par des communications intellectuelles, c'est dans la carrière des sciences, des arts, de la littérature, dans les branches de connaissances qui se rapportent à l'industrie, que les peuples multiplieront leurs relations, à mesure qu'ils seront plus civilisés; mais pour le commerce d'échanges entre les nations, tout doit nous faire prévoir que les progrès de l'industrie tendront à le diminuer plutôt qu'à l'accroître ; et tout nous montre qu'un grand développement du commerce extérieur sur la surface du globe, tient à une cause qui tend sans cesse à s'effacer ; savoir à une grande inégalité dans la répartition des forces industrielles chez les diverses nations.

Ceci est au reste un point sur lequel l'observation des faits accomplis, peut nous aider merveilleusement à prévoir ceux qui sont encore dans l'avenir : à mesure qu'un peuple grandit dans la civilisation et dans l'industrie, ses importations doivent-elles s'accroître ou diminuer ? Voilà la question ; voyons les faits : laissons de côté l'Angleterre, parce que chez elle, les importations, les exportations, tout tient au monopole. Chez nous, pendant la période de 40 années qui a vu notre richesse industrielle s'accroître de plus d'un tiers, nos importations ont diminué ; et nous sommes déjà aujourd'hui bien loin en arrière du chiffre de 634 millions de francs qui était celui de nos importations en 1789. Près de nous une nation qui occupe une grande place sur le continent européen, la nation allemande, a fait encore beaucoup plus de progrès que la France, dans la carrière de l'industrie, pendant la même période ; et elle doit en grande partie cette supériorité au bonheur qu'elle a eu de ne pas posséder de colonies, et d'être exempte, par sa position, de ces velléités de commerce extérieur qui ont formé pour nous une puissante distraction aux efforts dirigés vers notre industrie intérieure. L'Allemagne s'est avancée à pas de géant dans la carrière des industries agricole et manufacturière ; et nulle part, peut-être, le bien-être des classes ouvrières ne s'est amélioré dans une proportion plus rapide que dans ce pays. Mais qui doute que la masse des importations de l'Allemagne n'ait considérablement diminué, au lieu de s'être accrue, pendant cette période? Demandez ce qu'ils en pensent aux négocians de *Hambourg* et *d'Amsterdam*. Les mesures que prend l'Allemagne aujourd'hui tendront encore à faire décroître le chiffre de ses importations dans une proportion plus rapide. Il en est de même de la Russie, qui s'efforce de diminuer la masse de ses importations, à mesure que son industrie intérieure s'étend et se perfectionne. Que l'on voie aussi, si l'Angleterre, qui certes s'y connaît bien, s'efforce de favoriser les progrès de l'industrie chez les nations avec lesquelles elle veut établir des relations commerciales étendues; par exemple, en Portugal? Elle les aime encore mieux pauvres et routinières, parce qu'elle sait bien que chaque progrès de ces nations dans l'industrie, serait au préjudice de son commerce avec elles. Si nous jetons les yeux sur les nations où la civilisation et l'industrie sont fort anciennes, les peuples de l'Inde, nous trouvons que ces nations exportent autant qu'on leur demande, mais n'importent rien ; et pour trouver des peuples importateurs, ces nations vers lesquelles se dirigent l'attention et les spéculations des peuples qui ont quelque chose à vendre, il faut aller chercher les sociétés écloses d'hier, dans le Nouveau-Monde, et qui n'ont pas encore eu le temps de s'arranger de manière à se passer des autres. C'est là que trouvent leurs principaux débouchés, les nations vieilles en industrie, et qui repoussent mutuellement leurs produits autant qu'elles le peuvent. Et c'est à côté de ces faits, que l'on se confierait à l'accroissement éventuel du commerce entre les peuples, à mesure que leur industrie intérieure se développera !.....

L'école mercantile trouve, je le sais, que les nations ont grand tort d'agir ainsi ; elle s'efforce de leur persuader qu'il leur serait bien plus profitable de régler leurs relations mutuelles, d'après le principe de la division du travail, dont l'application est si utile dans les fabriques ; elle pense qu'il vaudrait beaucoup mieux pour les peuples, produire les objets dont ils n'ont pas besoin, sauf à aller frapper vainement à toutes les portes, afin d'en trouver le débouché ; à la bonne heure. On a soutenu tant de choses, qu'on peut bien encore soutenir celle-là ; et c'est un sujet de controverse comme un autre. On nous dit aussi qu'il faut bien que nous enrichissions les nations étrangères, en nous chargeant de consommer leurs produits, si nous voulons qu'elles soient en état de nous acheter les nôtres..... Cela est beau, admirablement beau..... Mais attendons un moment : il ne suffit pas que tout cela repose comme doctrine dans vos écrits ; il faut que ces doctrines deviennent la règle de conduite des autres nations. Ainsi prêchez, écrivez ; lorsque vous aurez porté la persuasion chez les peuples, lorsque vous les aurez déterminés à prendre dans la carrière industrielle, une route diamétralement opposée à celle qu'ils ont suivie depuis qu'il existe des sociétés, alors nous verrons : mais jusque-là, et parmi les nations comme elles sont, malheur et ruine à celle d'entr'elles qui sacrifierait son industrie intérieure, en ouvrant inconsidérément ses portes aux produits étrangers, avec la décevante perspective des débouchés extérieurs qui vont s'ouvrir devant elle, et sans des garanties suffisantes d'une équitable réciprocité.

D'un autre côté, on sait assez de nos jours que tout n'est pas riant pour la cause de l'humanité, dans les résultats qu'entraîne nécessairement la réunion d'un grand nombre d'ouvriers sur un même point, par exemple à *Birmingham*, à *Manchester*, ou à *Lyon*, afin d'établir avec les peuples étrangers, ces relations de fraternité que l'on nous peint sous des couleurs si séduisantes. Et que l'on remarque bien que les déplorables inconvéniens que je signale ici, ne sont pas dûs précisément à l'agglomération d'un grand nombre d'hommes sur une petite étendue de territoire, mais que leur cause réside dans cette circonstance que les produits créés par cette population, sont destinés à des exportations lointaines. Toutes les fois que le pays qui produit est son propre consommateur, son industrie prend un caractère très-remarquable de stabilité, parce qu'elle se développe graduellement dans toutes ses branches, en conservant entr'elles un équilibre constant, ou qui du moins n'a pas à redouter de violentes secousses. En effet, ce n'est que le développement simultané de plusieurs parties corrélatives qui sont soumises à un mouvement régi par une même direction, celle des lois et des mœurs du pays. Mais tout est précaire, au contraire, dans la situation des producteurs qui ont à redouter à chaque instant les perturbations qui résultent de mille circonstances industrielles ou politiques, dans les relations des peuples entr'eux. C'est pour cela que les catastrophes qui résultent de l'agglomération d'un grand nombre d'ouvriers sur un même point, frappent précisément chez nous sur cette branche d'industrie qui se place en première ligne dans nos exportations, sur les fabriques de soieries, qui font l'orgueil de la France, et qui fournissent chaque année à l'étranger des produits pour une valeur de plus de 100 millions. C'est pour cela que si l'on consulte l'histoire des nations, on trouvera que pour toutes celles pour lesquelles le commerce extérieur a été la principale source de prospérité, à commencer par *Tyr* et *Carthage*, l'éclat qu'elles ont répandu a été celui de la fusée, qui s'élève rapidement et retombe aussi vîte.

Il faudrait que nous pussions rapprocher de ces exemples qui nous sont fournis par les peuples commerçans, celui d'une nation qui se fut élevée à un haut degré de richesse, par le seul développement de l'industrie intérieure; d'une nation qui eût mis des siècles à grandir, mais qui eût conservé aussi pendant des siècles, par l'effet du seul équilibre industriel qui s'établit au sein d'un peuple, le haut degré de prospérité et de richesse qu'elle aurait atteint; qui n'eût pas rétrogradé dans sa civilisation, malgré les secousses politiques, parce que l'industrie, source de la civilisation, y reposait sur la base la plus solide de toutes, la consommation des produits dans le pays lui-même!... Mais vraiment, cette nation, il n'est pas nécessaire que l'imagination vienne la créer; elle existe précisément avec les circonstances que je viens d'indiquer: c'est le peuple le plus riche de la terre;... c'est la *Chine*, dont l'organisation sociale est la plus ancienne dont le monde ait jamais eu le spectacle; qui a prospéré et grandi en posant pour base essentielle de son économie sociale, son isolement complet de toutes les autres nations du monde. Il serait difficile de contester le titre de nation la plus riche de la terre, à celle qui, sur son vaste territoire, fournit du travail et des subsistances à la population la plus pressée dont le monde ait jamais offert l'exemple. Si tous les peuples se fussent dirigés d'après les principes d'économie sociale qui dominent sans doute chez les *Ricardo* et les *Malthus* de l'empire de la Chine, que les philanthropes mercantiles nous disent si le genre humain aurait eu beaucoup à y perdre. Il en serait résulté sans doute une civilisation fort différente de la nôtre; eût-elle été meilleure? Nous répondrons sans hésiter: non. Les Chinois répondraient sans doute: oui; et ils nous opposeraient divers points de civilisation et d'industrie sur lesquels la Chine nous a dépassés, et surtout, dès long-temps dévancés. Mais la question n'est pas là, car nul homme ne serait assez insensé pour proposer aux nations modernes de se condamner à l'isolement chinois. Toutefois, si l'on ne peut trouver chez cette nation un exemple à imiter, on pourrait certainement y puiser de hautes leçons, et le plus intéressant sujet d'études sur les effets que l'on peut attendre, pour la richesse des peuples, du seul développement de l'industrie intérieure, de cette combinaison à l'aide de laquelle la production croît sans cesse jusqu'aux limites les plus reculées, parce que la consommation s'accroît dans les mêmes proportions, par l'effet même de la multiplication des producteurs.

Il est donc certain que chez un peuple qui occupe l'autre extrémité du continent que nous habitons, chez un peuple dont nous méprisons la civilisation, autant qu'il dédaigne la nôtre, nous pouvons trouver une leçon de pratique et d'expérience éminemment instructive, sur un des points les plus importans du mécanisme de l'économie sociale; et il est fort remarquable que ce même peuple a parfaitement compris aussi le rôle immense que joue dans la richesse intérieure d'un pays, la branche d'industrie la plus importante de toutes, celle qui entraîne irrésistiblement toutes les autres dans ses progrès; l'industrie qui s'applique à la culture du sol; et nulle part ailleurs dans le monde, l'agriculture n'est plus honorée, ni plus favorisée que dans le pays le plus riche et le plus peuplé de la terre.

Mais pour nous, peuples de l'Occident, de quoi s'agit-il aujourd'hui, lorsque notre attention se porte sur le spectacle que nous offrent nos frères de la Chine? D'appliquer, dans les limites de nos propres convenances, les résultats de ces faits. Ces résultats ne sont-ils pas d'ailleurs d'accord avec les doctrines bien comprises des plus sages et des plus profonds économistes de nos contrées? et ces doctrines sont-elles autre chose que l'idée fondamentale qui a dirigé *Sully*, dans la route par laquelle il a fait faire à la France, dans un si court espace de temps, des pas si immenses vers sa prospérité intérieure. Il est question, pour tous nos peuples civilisés, de trouver une combinaison qui favorise l'industrie de toutes les nations, en prévenant tout monopole exercé par une d'entr'elles au préjudice des autres, sans sacrifier des relations commerciales qui sont devenues un besoin pour tous les peuples. C'est là le but qu'on cherche à atteindre par le système de protection, en restreignant dans de certaines limites et selon l'intérêt public de chaque nation, les relations commerciales des individus avec ceux des autres peuples; et on atteindra certainement ce but, partout où cette combinaison d'économie sociale sera dirigée avec intelligence et sagesse.

CHAPITRE III.

DE L'AVENIR INDUSTRIEL DE LA FRANCE,

ET DE L'ÉTAT DE L'OPINION PUBLIQUE SUR LES QUESTIONS QUI S'Y RAPPORTENT.

Voyons maintenant si, d'après les considérations que je viens de présenter, nous pourrons établir sur l'avenir qui attend l'industrie de notre pays et les diverses parties de son territoire, des prévisions qui offrent du moins un caractère bien prononcé de probabilité. Les déterminations que prendra le gouvernement du pays, sur diverses questions d'intérêt social, exerceront incontestablement la plus puissante influence sur cet avenir; mais sous des institutions constitutionnelles, la législation, les mesures politiques et administratives, tout est dirigé par l'opinion publique et les intérêts. C'est donc dans les recherches sur les intérêts et l'opinion réelle du pays, que nous pouvons trouver la solution de cette question d'avenir. Commençons par quelques mots sur l'avenir du midi du royaume. Est-il raisonnable de craindre que de la prétendue divergence d'intérêts entre le midi et le nord de la France, il puisse naître quelques perturbations fâcheuses pour notre pays?..... En aucune façon; les sentimens sont tout français dans le midi du royaume; c'est là une vérité dont personne ne doute; mais il faut bien qu'on sache que les intérêts y sont également tout français; et la première de ces vérités n'est que la conséquence de l'autre, car l'identité d'intérêts sera toujours la mesure de la sympathie entre deux portions d'un peuple; et ce n'est qu'à Bordeaux que l'idée d'une séparation a pu seulement se présenter à quelques esprits.

Supposons pour un moment qu'il devienne possible d'établir, sur les bords de la Loire, ce cordon de douanes qu'ont rêvé les négocians de Bordeaux; et que le midi de la France se place sous le régime de la liberté de commerce avec les nations étrangères. Quels seraient, pour le midi, les résultats d'un tel état de choses? Il n'est certes pas difficile de les prévoir: le pain ne serait jamais cher dans la France méridionale, car le commerce se chargerait de lui fournir des fromens de la Mer Noire, de la Baltique ou des États-Unis, toutes les fois qu'il y trouverait du profit. Les fers y seraient à bon marché aussi, car Bordeaux n'y laisserait pas manquer ceux d'Angleterre et de Suède. Le prix des laines diminuerait, ou plutôt on n'en aurait plus besoin, car l'Angleterre est là pour lui fournir des draps tout fabriqués à des prix fort raisonnables. La faïence, la quincaillerie, les cuirs, etc., tout cela arriverait avec profusion, en fort bonne qualité, et à des prix très-modiques. La vie ne serait donc pas chère dans cette France méridionale; mais l'agriculture et l'industrie?..... Voici l'avenir qui les attend. Les troupeaux et les fabriques de draps disparaîtraient; des forges, il n'en serait bientôt plus question, non plus que des fabriques de coutellerie et autres, qu'elles alimentent de leurs produits; non plus que des tanneries, des faïenceries, des papeteries, etc. L'abaissement du prix du travail serait impuissant pour soutenir les fabriques du Midi, contre la concurrence de l'industrie anglaise, car on sait fort bien que la supériorité de cette dernière tient à d'autres causes. La culture des céréales diminuerait chaque jour, car aucun cultivateur du Midi ne pensera qu'il lui soit possible de soutenir une concurrence constante avec les productions de la Crimée, à quelque bas prix qu'ils obtiennent le travail; et comme en définitive un pays ne peut contenir que la population à laquelle il peut donner du travail, la France méridionale verrait chaque jour décroître le nombre et l'aisance de ses habitans, dans la même proportion que son industrie. Les propriétaires de vignes s'apercevraient bientôt qu'ils ont perdu par la diminution de la consommation intérieure de leur propre pays, dix ou vingt fois plus qu'ils n'ont gagné par l'accroissement de quelques exportations lointaines; et l'étendue des vignobles diminuerait aussi rapidement qu'elle s'est accrue pendant 40 années de restrictions commerciales. Nous avons sous les yeux un exemple frappant du sort qui attend un pays situé comme l'est la France méridionale, et qui place sa prospérité sous l'égide d'un commerce extérieur étendu, sans l'assistance d'un système de protection efficace pour son industrie intérieure; c'est le *Portugal*.... Voilà ce que deviendrait en moins d'un siècle cette belle France méridionale.

Mais tout le monde n'aurait pas perdu à ce changement..... Voici le beau côté de la médaille: la France méridionale aurait couvert les deux mers de ses navires; elle aurait vu son commerce prospérer et fleurir..... En d'autres termes, Bordeaux serait devenu le centre d'immenses affaires. Voyez comme les capitaux y affluent, comme la population s'y presse; quelle vie et quelle activité animent son port et ses quais !.....

Il serait loisible à la France tout entière de subir un sort semblable à celui dont je viens d'offrir le tableau: il lui suffirait pour cela de prêter l'oreille aux adresses intéressées qui partent de ses ports de mer. Mais peut-on craindre que les déclamations qui se répètent sans cesse contre le système de protection pour l'industrie intérieure, entraînent dans cette voie désastreuse le gouvernement du pays? Dans les lois et dans les diverses mesures de l'administration, peut-on craindre avec quelque vraisemblance, que les intérêts de l'industrie intérieure soient sacrifiés à ceux du commerce extérieur? Je ne pense pas qu'on puisse raisonnablement concevoir des craintes sérieuses à cet égard. Notre garantie la plus importante réside ici dans les formes d'un gouvernement où les intérêts du pays tout entier sont représentés dans le rapport de l'importance de chacun d'eux. C'est au gouvernement représentatif que la Grande-Bretagne a dû le développement de son industrie et de sa richesse, parce qu'à côté d'une véritable représentation nationale, le gouvernement ne peut s'écarter de la ligne des intérêts du pays. Les lumières et les bonnes intentions égarent souvent ; les capacités se trompent quelquefois ; mais les intérêts possèdent un admirable instinct de conservation et d'amélioration. Cependant, il est facile de prévoir que la marche du gouvernement flottera encore incertaine pendant quelque temps, entre les prestiges dont l'école mercantile a ébloui tant de bons esprits, et les doctrines solides qui conduiraient directement au développement le plus rapide de l'industrie intérieure : c'est que l'opinion du pays elle-même est incertaine, ou plutôt elle se trouve, à cet égard, dans une situation particulière, qui peut présenter le plus intéressant sujet d'études au moraliste, comme à l'homme d'état. Pour bien comprendre cette situation, qui nous offre peut-être le miroir le plus sûr de notre avenir industriel, il faut reporter ses regards sur les circonstances qui ont favorisé en France la propagation des doctrines mercantiles. Je prie qu'on me permette de consacrer quelques pages à cette recherche. Nous apprécierons mieux ensuite la situation réelle de l'opinion du pays sur cette matière, et nous pourrons mieux juger de la direction qu'il prendra désormais dans la carrière industrielle.

Les questions sociales peuvent être considérées de deux points de vue fort différens ; le point de vue patriotique et le point de vue libéral ; et il en résulte souvent des idées et des sentimens entièrement opposés, selon qu'on se place à l'un ou à l'autre de ces deux points de vue. Les idées patriotiques tendent à l'accroissement de la force du corps social. Au dehors, c'est la nationalité; et les sentimens patriotiques nous portent à désirer l'accroissement de la puissance de la nation dont nous faisons partie. Au dedans, c'est *l'esprit public;* et il est disposé à soutenir les intérêts généraux, aux dépens même des sacrifices que chacun a dû faire dans sa liberté et dans ses biens, au profit de la société. L'esprit libéral, au contraire, défend les droits individuels contre les prétentions de la société; et au dehors, sa tendance est une certaine philanthropie cosmopolite, parce que c'est la cause des individus qu'il défend; et il se plait à faire abstraction des conséquences des liens sociaux. Il est certain que c'est dans un juste équilibre de ces deux forces opposées, bonne et utile chacune en elle-même, que peuvent se rencontrer les mesures et les institutions les plus propres à assurer le bonheur des hommes réunis en société. Il faut que le corps social exerce sur les actes des individus, une puissance suffisante pour contraindre les intérêts privés à s'effacer devant les intérêts généraux de la société; mais il est nécessaire aussi que les intérêts individuels conservent leur spontanéité, dans des limites convenables pour offrir à chaque individu une garantie suffisante contre les abus que la société pourrait faire d'une autorité qui ne doit être employée que dans l'intérêt de tous.

Il est des époques où, par des causes fort diverses, l'une ou l'autre de ces deux forces peut acquérir la prédominance dans l'opinion d'un peuple. On pourrait citer plus d'un exemple de l'exagération du principe patriotique dans l'opinion publique d'une nation; mais en France, depuis plus d'un siècle, c'est incontestablement le principe libéral qui a dominé toutes les questions sociales, dans la partie éclairée de la nation. Il est bien évident, que ce fait est une conséquence naturelle des rapports dans lesquels l'opinion publique s'est trouvée avec les institutions et le gouvernement du pays, depuis une époque assez reculée; car les intérêts sociaux se personnifiant en quelque sorte dans le gouvernement, les sentimens de nationalité et d'esprit public sont gravement modifiés par les dispositions des masses à son égard. En vain on s'efforçait d'être patriote, en vain on croyait l'être, sous des institutions qui avaient cessé d'être en rapport avec les mœurs du pays, ou sous un gouvernement qui blessait les sympathies nationales : sans cesse on était entraîné à disputer à la société un pouvoir et des droits, qu'elle ne peut exercer que par l'organe d'une administration dont on voulait affaiblir le pouvoir. L'esprit libéral doit prédominer dans ces circonstances; et à la longue, il en résulte des doctrines qui jettent de profondes racines dans la société. C'est un fait incontestable que cette prédominance dans l'opinion qui a régné chez nous, et qui n'a cessé de s'accroître depuis le commencement du siècle dernier. A Dieu ne plaise que je veuille dire que les sentimens patriotiques se sont éteints en France : il existe dans notre pays une telle masse d'intérêts homogènes et une telle uniformité dans les sympathies, que l'attachement à la patrie commune restera toujours au fond des cœurs chez ses habitans; mais on ne peut s'empêcher de reconnaître que ce sentiment a été fréquemment dénaturé, à l'insu même des personnes qui l'éprouvaient, par une disposition manifeste à s'efforcer de relâcher les liens sociaux, plutôt qu'à les resserrer, et à tenir compte des droits des citoyens, beaucoup plus que de leurs devoirs envers la société ; ou en d'autres termes, par des dispositions libérales beaucoup plus que patriotiques.

Il est facile de juger combien cette tendance de l'opinion publique a dû concilier de faveur à des doctrines qui tendent à dégager les individus, dans leurs relations avec ceux des autres peuples, de toute contrainte imposée par l'intérêt général du pays ; dans une telle disposition, comme on a dû céder à l'entraînement de cette idée si belle et si philosophique, qui fait de tous les habitans du globe, des frères, entre lesquels le lien général de l'humanité vient remplacer ces liens étroits de nationalité et d'intérêts sociaux !..... Comme on a flétri ce système de protection, ces restrictions, ces prohibitions, entraves perpétuelles aux épanchemens de la mercantile fraternité entre les peuples ! La jeunesse a dû surtout les accueillir avec enthousiasme; et quel est celui de nous qui, avant l'age de trente ans, n'a pas payé son tribut d'admiration et de prosélytisme aux doctrines d'Adam *Smith* et de *J.-B. Say*?....... Lorsque c'est le sentiment qui juge, comme on trouve les argumentations victorieuses, et comme les objections semblent misérables !

Le libéralisme en économie sociale n'est donc qu'une des manifestations de la tendance qu'avait prise l'opinion publique en France, depuis le commencement du 18.e siècle. Mais il suffit de jeter les regards autour de soi, pour être convaincu que l'époque où nous vivons est celle d'un retour à des idées moins exclusives sur les questions sociales. La partie la plus éclairée de la nation a compris, que les vérités utiles au bonheur des peuples ne sont pas toutes écrites dans les doctrines libérales; et l'on a pu reconnaître par une multitude de faits, qui n'ont pas échappé à l'observation des masses, que de graves inconvéniens se présentent pour les individus, lorsqu'on a voulu affaiblir au-delà d'un certain point les liens sociaux, qui à tout prendre, n'ont été créés que dans l'intérêt de tous. C'est par l'observation de ces faits que le pays s'est instruit. Pour ce qui concerne le libéralisme en matière commerciale, c'est certainement par les intérêts matériels, qui sont aussi des faits, et les plus positifs de tous, que s'est opérée cette révolution dans l'opinion publique: la masse des intérêts du pays s'est trouvée froissée, lorsqu'il a été question d'arriver à l'application des doctrines prônées de toutes parts; et l'on peut dire qu'aujourd'hui la portion industrielle de la nation presque tout entière, c'est-à-dire l'immense majorité de la population, demeure convaincue de la nécessité de ce système de protection, réprouvé et je dirais presque bafoué, par certains hommes, dont la voix a eu tant de retentissement. Les hommes de pratique et d'expérience dans les affaires publiques, sont d'accord sur ce point avec les masses industrielles; et ce n'est réellement qu'à la surface de la société, que dominent encore les doctrines de liberté illimitée du commerce. Dans les classes qui ne s'occupent de ces questions que d'une manière spéculative, dans les salons de lecture, parmi la jeunesse qui se livre à d'autres études, ces questions sont résolues le plus souvent selon l'esprit que l'opinion libérale avait mis à la mode; et la portion de la presse, qui trouve le plus grand nombre de ses lecteurs dans les classes de la société qui recherchent des distractions, plutôt qu'une instruction solide, est encore presque unanime à propager les mêmes doctrines; en sorte que, les hommes qui sont habitués à accepter des opinions toutes faites, ne comprennent même pas que l'on puisse révoquer en doute, ni les principes qu'on leur enseigne, ni les conséquences qu'on en tire. Cependant, que l'on remarque bien qu'aussitôt que les discussions sortent du cercle des théories générales et abstraites, pour s'appliquer à une industrie en particulier, l'évidence des faits est telle, que les hommes même les plus exclusifs sur les doctrines générales, sont forcés à des concessions sur la nécessité d'avoir égard à des circonstances spéciales. Il est donc bien certain que lorsqu'on examine sans prévention l'état de l'opinion publique, relativement au système de protection, on reconnaît qu'il y a ici entre l'opinion exprimée et les intérêts, on pourrait dire entre l'opinion apparente et l'opinion réelle du pays, une contradiction très-manifeste. Si quelques personnes croient encore que le système de protection est impopulaire, c'est qu'on ne veut pas porter ses regards au-delà d'une classe très-peu nombreuse en définitive, mais qui écrit et parle beaucoup, et qui élève la voix, dans les discussions, plus haut que toutes les autres. Mais toutes les fois que l'on proposera quelques mesures qui tendront à porter atteinte au système de protection, on trouvera dans la masse des intérêts du pays, appuyé de l'opinion des hommes les plus éclairés sur ces matières, une force de résistance qui fera comprendre combien on s'est trompé, lorsqu'on a cru que certaines doctrines modernes d'économie publique, avaient encore de profondes racines dans la société.

Le système de protection ne recevra donc certainement pas de graves atteintes par les mesures législatives qui pourront être adoptées en France. Les intérêts de l'industrie du pays pourront être débattus avec plus ou moins d'habileté, dans les négociations avec les gouvernemens étrangers; mais les tentatives que l'on ferait pour apporter des modifications funestes aux mesures de protection qui existent en faveur d'une ou de plusieurs branches d'industrie, viendront certainement échouer contre la masse des intérêts du pays. Il est facile de prévoir toutefois, que l'industrie intérieure ne verra pas aussi promptement se résoudre en sa faveur, d'autres questions qui intéressent éminemment aussi son avenir: Beaucoup de personnes, dans les classes élevées de la société, sont encore absorbées aujourd'hui par les préoccupations, j'allais dire, par les préjugés de l'école mercantile, pour ce qui concerne la préférence que l'on croyait convenable d'accorder au commerce étranger sur l'industrie intérieure, dans les mesures que prend le gouvernement pour favoriser l'accroissement de la richesse et de la prospérité du pays. Depuis la fin du règne de Henri IV, c'est vers les ports de mer, les pêcheries, les colonies et les relations lointaines de commerce, que se sont portées toute la sollicitude et toutes les faveurs du gouvernement. Pour l'industrie intérieure, rien ou presque rien; et le système de protection, introduit comme par violence dans notre législation, forme, dans la réalité, le seul genre d'encouragement qu'ait reçu l'industrie du pays. Un tel état de chose ne peut changer promptement. Pendant long-temps encore, Beaucoup de personnes croiront qu'il est nécessaire que les consommateurs de nos produits soient séparés du territoire français, au moins par la Méditerranée; et l'on propoposera de favoriser au loin l'établissement de consommateurs que l'on pourrait créer avec dix fois moins de dépense, en dix fois moins de temps, et avec cent fois plus de sécurité, dans un de nos départemens; pendant long-temps encore, on retrouvera dans nos budgets les plus monstrueuses aberrations, relativement à l'application des fonds consacrés à favoriser le développement de la richesse du pays. Avec de bons chemins vicinaux et un code rural, on changerait certainement la face du pays en moins de vingt ans; mais, pendant long-temps encore, il paraîtra beaucoup plus convenable à un grand nombre de personnes de s'occuper de nos stations maritimes dans les Deux-Indes, et de réglemens pour nos consulats à l'étranger. Tout cela tient à une préoccupation très-manifeste des classes élevées de la société dans notre pays; et l'origine de cette préoccupation remonte, comme je viens de le faire voir, à une époque déjà fort reculée. On ne peut donc espérer que cette disposition disparaisse subitement. Cependant, il est facile de remarquer depuis quelque temps, dans nos discussions législatives, une tendance très-prononcée à mieux apprécier les intérêts de l'industrie intérieure : récemment, cette vérité s'est manifestée d'une manière non équivoque, par un fait sans exemple dans nos annales parlementaires : trois propositions de lois ont été faites dans les deux chambres, et dans la même session, sur un des objets qui intéressent le plus essentiellement le développement de la richesse du pays : sur les moyens d'établir un bon systéme de communications vicinales; et ces projets ont été accueillis par un assentiment universel, sinon relativement aux moyens qu'il convient d'employer, du moins sur l'importance du but qu'il est question d'atteindre. Chaque jour on peut remarquer que les hommes les plus instruits et les plus éclairés des chambres législatives, tournent leur attention vers les moyens de prospérité de l'industrie intérieure.

Le spectacle que nous offrent aujourd'hui les deux nations avec lesquelles nous entretenons les relations les plus fréquentes, ne peut manquer aussi de hâter l'époque où toutes les convictions se réuniront sur les mêmes doctrines, dans les questions qui se rattachent à la convenance de diriger spécialement l'attention du gouvernement, soit sur le commerce extérieur, soit sur le développement de l'industrie intérieure : l'Angleterre, après nous avoir éblouis par le prestige de son commerce colossal, est arrivée à une position qui doit former la plus instructive de toutes les leçons pour les disciples de l'école mercantile. Avec le commerce, les industries agricole et manufacturière avaient pris dans les îles Britanniques un développement sans exemple; mais cette nation ne pourra pas même trouver dans son industrie intérieure un dédommagement de la perte de son immense commerce. L'industrie, en effet, s'était organisée dans ce pays, de manière que tout était subordonné au commerce extérieur; lorsque le monopole s'est brisé entre ses mains, l'Angleterre a tout perdu; son agriculture elle-même, si florissante encore au temps du blocus continental, a commencé dès 1815 à prendre une marche rétrograde, et l'art agricole s'y trouve aujourd'hui dans un état de décadence qui, aux yeux des hommes les plus éclairés de ce pays, forme le symptôme le plus alarmant de tous ceux qu'il offre en ce moment.

Il n'est pas possible qu'aucun Français éclairé puisse se défendre de rapprocher de la situation actuelle de l'Angleterre, celle d'une autre contrée voisine, la nation allemande : ici pas de colonies, pas de flottes, très-peu de commerce extérieur; les villes maritimes, autrefois les plus florissantes, ne présentent plus que l'ombre de leur ancienne splendeur. Mais partout, comme d'un commun accord, et quelle que soit la forme des gouvernemens, on s'est appliqué à stimuler et à féconder tous les germes de la prospérité intérieure. Le Grand-Fréderic semble avoir donné cette impulsion, qui a été suivie par tous les souverains de l'Allemagne; et pendant que la France, préoccupée par des idées de rivalité avec l'Angleterre, achetait par d'énormes sacrifices tel coin de terre insignifiant dans l'Inde, la Germanie repliée sur elle-même avait recueilli l'héritage des doctrines d'administration de notre sage et clairvoyant *Sully*, dont je devrais faire revenir le nom à chaque page de cet écrit, et ne s'occupait qu'à élargir les sources de la prospérité intérieure. Tout s'est opéré en Allemagne sans bruit, sans faste et sans éclat : pas de ces immenses canaux de navigation, ou de ces chemins de fer qui excitent l'attention de toutes les nations de la terre; pas de ces immenses centres de fabrication, comme *Manchester*, *Scheffield* ou *Lyon;* à peine sait-on au dehors ce qui s'est fait, et pour le connaître il faut parcourir le pays tout entier. Mais partout, des chemins de toutes les classes ont été construits et entretenus avec le plus grand soin; partout, l'instruction primaire a été mise à la portée des enfans du peuple; partout, les gouvernemens étudient avec une vigilante sollicitude, les besoins de l'industrie intérieure; et partout ils regardent comme le plus important de leurs soins, celui d'écarter les obstacles qui pourraient entraver ses progrès; partout on retrouve les traces de ces améliorations qui s'attachent au sol, sur toute sa surface. Partout aussi, depuis le golfe Adriatique jusqu'à la mer Baltique, et depuis les frontières de la Hongrie jusqu'au Rhin, se font remarquer les progrès les plus rapides de l'art agricole et de toutes les branches d'industrie qui alimentent la consommation du pays; partout la population s'accroît dans une étonnante proportion; et partout l'aisance et le bien-être de la population ouvrière pourraient présenter un spectacle fort surprenant, aux hommes qui se sont persuadé qu'il n'y a, pour les classes inférieures, d'autres sources de travail et d'aisance que les débouchés du commerce extérieur.

Tel est le spectacle que nous offre aujourd'hui l'Allemagne : elle nous a déjà dépassés et elle nous dépassera certainement encore beaucoup dans cette carrière de prospérité et de richesse, parce qu'elle a pris une meilleure route que nous. Si des circonstances qui pourront naître de la diversité de ses gouvernemens, ne viennent pas entraver sa marche dans cette carrière, l'Allemagne est certainement destinée à offrir le spectacle d'une des nations les plus riches et les plus prospères du monde; et on la verra grandir en population et en puissance solide et réelle, à mesure que l'Angleterre accomplira sa destinée inévitable de lente décadence ou de brusque catastrophe. Mais nous, avec notre unité nationale et politique, qu'il nous eût été facile de laisser loin de nous, dans cette carrière, toutes les nations de l'Europe !..... Et comment ne pas espérer, que la comparaison que la France entière ne peut manquer de faire entre les deux nations que je viens de désigner, ne produise pas sur l'opinion publique, dans notre pays, une impression qui la dirige dans la véritable voie de la richesse nationale !.......

Dans tout ceci, je n'ai tenu aucun compte de l'espoir que le gouvernement prendra lui-même l'initiative pour donner une nouvelle direction aux moyens d'élargir les sources de la prospérité publique. Je dois déclarer que je suis plein de confiance dans les intentions et les lumières des hommes qui sont placés aujourd'hui à la tête du pouvoir; et personne n'est plus pénétré que moi de cette conviction, que l'unique but que se propose notre gouvernement, est le bien-être et la prospérité du pays;

mais il m'a paru qu'avec nos institutions, c'était ailleurs qu'il fallait aller chercher des motifs de sécurité ou de doute, sur la marche que suivront désormais les grands pouvoirs de l'État; et c'est dans l'opinion de la partie éclairée de la nation, que j'ai cherché des garanties, parce que quels que soient les hommes qui arriveront au pouvoir, c'est cette opinion qui tracera toujours la ligne qu'ils seront forcés de suivre.

Maintenant, si nous voulons rechercher dans quel espace de temps la France arrivera vraisemblablement à un point donné de richesse et de puissance, l'avenir industriel de notre pays se montre à nous de la manière la plus claire, par la mesure de l'espace que nous avons parcouru pendant les quarante dernières années. Si le pays continue à faire dans la carrière de l'industrie intérieure, des pas égaux à ceux qu'il a faits dans cet espace de temps, dans trois périodes semblables, c'est-à-dire, dans cent vingt ans, la population actuelle sera plus que doublée; la richesse nationale se sera accrue dans une proportion plus considérable encore, puisque l'aisance se sera augmentée dans toutes les classes, comme nous l'avons déjà vue s'accroître pendant la période écoulée; et l'agriculture, en satisfaisant à tous les besoins de cette population, sera encore fort loin des limites que peut atteindre la production. Le revenu de l'Etat s'accroîtra dans une proportion analogue; et il pourrait être porté à *deux milliards* dans le budget de 1953, sans imposer au pays une charge aussi pesante que celle qu'il supporte aujourd'hui. Selon toutes les vraisemblances, ces résultats se réaliseront, sinon à l'époque que je viens d'indiquer, du moins un peu plus tôt, ou un peu plus tard, selon qu'on mettra plus de soin à favoriser chez nous le dé-

développement de l'industrie intérieure ; car remarquons bien que le commerce extérieur n'est pour rien dans toute cette perspective, de même qu'il n'a été pour rien dans l'accroissement de notre prospérité depuis un demi-siècle ; et, en vérité, soit qu'il s'accroisse ou qu'il diminue, il n'y a pas là de quoi exercer une influence appréciable sur les destinées de notre pays. Il ne se trouve là que comme obstacle à la marche de la nation vers le but de prospérité qu'elle doit atteindre, parce que lorsque l'on considère la place qu'ont occupée les préoccupations mercantiles dans l'opinion de la France depuis un siècle, il est facile de prévoir que les idées de commerce extérieur formeront encore, pendant quelque temps, une puissante distraction aux efforts que le pays devrait concentrer sur les sources de sa prospérité intérieure.

FIN.

www.ingramcontent.com/pod-product-compliance
Ingram Content Group UK Ltd.
Pitfield, Milton Keynes, MK11 3LW, UK
UKHW020421180726
13839UKWH00003B/1361